Territorio de infancia

Jésica López Martín

Aliarediciones

Corrección: Julia Salas
Diseño de cubierta: Jaime Galisteo
Maquetación: Aliar Ediciones

Depósito Legal: GR 497-2024
ISBN: 978-84-10155-85-5

Impreso en España

Edita
ALIAR Ediciones
www.aliarediciones.es
info@aliarediciones.es

Territorio de infancia

Jésica López Martín

Solo mi memoria sabe lo que encierra.
Elena Garro

Miramos el mundo una sola vez,
en la infancia/el resto es memoria.
Louise Gluck

Treinta y seis instantáneas de un verano
reveladas en septiembre.
Mamá las colocó en su álbum.
Vuelvo a ellas veinte años después.
El pasado es ahora translúcido.

Antes de que amanezca
toco el campo húmedo
de finales de febrero.
Me pregunto si hay
que volver a labrar la tierra.
Abuelo llevaba en su cartera
el calendario de siembra escrito a mano.
La sabiduría manuscrita
en un pedazo de papel.

Mamá y sus manos
enjabonándote
cuando prepara el desayuno
o te lleva al colegio.
Nunca se enfada
nunca está triste.
Cose, lava los platos, hace la compra
quita el polvo.
No muestra dolor
ni cansancio
ni aburrimiento.
Te parece la fuerza más grande
cuando la miras sin que se dé cuenta
y de repente sonríe.

Mayo.
Abuelo tiñe de cal la casa para el verano.
Todo se vuelve blanco.
Anclamos nuestros pies a la tierra
mientras la vamos cubriendo de semillas.

Me detengo en ese instante
en el que soplo y surge de la nada
una pompa de jabón.
Unos segundos flota en levedad.
Esa esfera donde caben todas mis respuestas.

Intentas alcanzar aquello que no se ve
mientras corres descalza.
Las piedras te hacen daño.
Oyes a los grillos
no encuentras su rastro
desaparecen bajo tierra.
El vuelo de una mariposa te sorprende.
Se detiene cerca de ti.
Miras la belleza del mundo
aún sin comprender
la materia de la que estáis hechas.

Volvemos a la huerta en verano.
Fluye el agua del pozo.
La estación de la higuera en plenitud.
Las manos de Abuelo cuidan la tierra.
Mamá recoge la siembra
me seco al sol.
Días en que todo es fácil.
Si cierro los ojos vuelvo a sentir
la piel herida
el sudor cayendo
la felicidad
pendiendo
de un hilo.

Temprano llega el día
me siento en el poyo
y el sol me da en la cara
desayuno cacao caliente
que mamá prepara al fuego.
El campanario despunta
y tañe en punto la hora.
En Pueblo siempre es verano.

Fue la mariposa del amor
Mamá canta
mientras jugamos en el agua.
Me hace flotar al ritmo de su voz.
Juguete del destino
mi cuerpo sumergido
se vuelve flexible
como un anfibio que aprende a nadar.
Nos miramos y sonreímos
sabe que me gusta el agua
y esa canción
Hoy te toca reír a ti
mañana a mí.

Veo parir a una oveja.
El calor se pega a mi cuerpo
en esa tarde común de un verano en los noventa.
Observo el campo seco a través de la alambrada.
Solo un rebaño y yo.
La vida contenida en ese aliento
donde cada cual sabe que tiene que hacer.
Empujar, respirar, nacer.

Miro como el agua llega de a poco.
Vas abriendo y cerrando caminos
por donde la vida fluye.
Las raíces se empapan
y florean los guisantes.

Ven Fresita
me llama Abuela
mientras escoge las uvas de la parra.
Me mira y dice
uvas y queso saben a beso.
Pone sobre mi mano
el racimo más dulce
el que aún no han picado los pájaros.

¿Recuerdas cómo aprendiste a andar
con tu bicicleta heredada?
Despacio
con el miedo atado a las rodillas.
Las manos de mamá sujetándote por detrás.
Los ruedines balanceándote
por la calle San Ramón.
Ese pequeño triunfo
que te hizo confiar en el asfalto
y en la inercia del movimiento.

En la noche mientras todo duerme
y estoy acurrucada en la cama
el dolor llega sin ruido.
Me retuerzo entre las sábanas.
Mamá despierta y me prepara manzanilla.
Hierve el agua
toma el color del cuidado.
El calor de las flores
y de nuevo el sueño.

Me enseñas a observar la tierra
cada planta tiene su momento.
Hay que aprender a esperar.
El cuerpo cansado
suave la voz.
Pocas palabras se necesitan
para labrar el surco.

Conociste el mar a los cuatro años.
En la orilla
rocas cubiertas de algas.
Pones en un cubo las conchas nacaradas
pequeños tesoros.
Quieres guardar el momento.
Aunque no lo sepas todavía
hay cosas que no se pueden contener.
Instantes que se prenden a la ropa
como la arena de la playa
y al final desaparecen.

El dulzor
del arroz con leche de mi abuela
en la punta de la lengua.

Prefería siempre el helado de limón
sin apenas color, ácido.
Nunca me gusto lo dulce
solo sentir el frescor del hielo
comerlo deprisa
disfrutar la fugacidad
esperar otro día de fiesta.

Las jaras se están secando.
Mamá me enseña a bailar
en la verbena durante la noche.
En Pueblo se ven las estrellas.
La emoción y el miedo estallan
con el color de los fuegos artificiales.
Me escondo.
Llegó el final del verano.

Velai! dice Abuelo
y señala un rayo en el cielo.
Yo miro sin saber
pero memorizo esa extraña palabra.

Vamos al norte en autobús
solas por vez primera.
¡Qué pocas veces hemos visto el mar, mamá!
Nuestra piel
una mezcla de sal y humedad
los hombros habían tomado el color
del paisaje marino.
¿Qué es el tiempo? te pregunté.
Lo que permanece en la memoria.
Aquello que vivimos una y otra vez
para volver con los ojos cerrados
me dijiste despidiendo la última ola.

Pasan dos horas del mediodía.
Te tiras a la *buchina*[1]
el agua fría te atraviesa.
Buceas con los ojos abiertos.
El fondo está cerca
el pelo se te empapa y flota.
Solo ves azul
tú también estás un poco azul ahora.
Miras tus manos pequeñas
tus dedos arrugados.
Sales a la superficie
y todo vuelve.

---

1. Depósito de agua pequeño para el riego de la huerta.

La mirada de mi madre hace que todo parezca fácil.
Sus manos remiendan aquello que un día fue nuevo.
Quiero decirle tantas cosas
pero no lo hago.

Abuela no tiene colonias
ni cremas en su cómoda.
Guarda el olor primigenio de la piel.

No sé cuándo apareció el miedo
por primera vez.
No sentir con la lengua
como se mueve un diente de leche.

Detrás de tu mirada
estaba la despedida.
No lo sabía entonces
cuando juntos
íbamos cada junio
a escoger los ajos más hermosos.
Ojalá
quedarme en la eternidad
de tu verano.

Supe que me había hecho mayor
porque ya tenía recuerdos.

No recuerdo el orden de las cosas.
La sombra de la parra en agosto
el silencio detrás de la tormenta.
En algún lugar de esta casa
guardo aquello que la mente olvida.
Abuelo me dijo
somos aquello que protegemos.

Dejamos un espacio sin labrar.
Lo sembramos de flores desordenadas.
Germinan gladiolos
flor esbelta que llena la boca al pronunciar.
Abuela los escoge
este vale, el otro tiene que abrir.
Mamá se encarga de cortarlos.
Después lucen inertes
en un florero con tacto de hueso
adornando una sepultura.

El álbum familiar
memoria primitiva
a la que siempre regreso para mirar al futuro.
Ahí está la niña que sonríe a la cámara
y huele el romero.
Juega con la arena
y come almendras verdes.
Miro los rasgos de la felicidad
y me pregunto
si mi hija se hubiera parecido a mí.

No sé qué luna hubo esa noche.
Ni si afuera estaba helando.
Solo recuerdo mis ojos sin lágrimas
y un cristal frío que nos separó
en una sala aséptica
demasiado iluminada.
No era esa la despedida que imaginé.
Por eso te sigo escribiendo
Abuelo.

Llega el otoño
abandonamos la huerta.
Aparece la niebla
la primera helada.
La chaqueta resguarda el poco calor
que aún no se ha ido.
La tierra descansará en invierno.
Cerramos con candado la caseta
de tus herramientas.

Miro al cielo oscuro
esperando que me hagas una señal
de que aún estás aquí.
Una señal que haga que me quede.
Hace más de diez años que miro al cielo.
Hace más de diez inviernos
que no cruzo esa puerta de metal.

La niña que recuerdo
no es más que un invento.
La patria de mi infancia
es un territorio de materia efímera
un lugar que se desvanece
como la existencia de un insecto.

Nadie lo dice
pero vamos olvidando tu voz.
Abuela sigue preparando la comida sin sal.
Hay cosas que se quiebran.
El dolor va dando paso a otra cosa
que no es más
que tu silla vacía.

Recuerdo con precisión
la senda que recorríamos en mitad del campo.
Cada piedra que saltábamos
las hojas de roble hasta llegar a Río Negro.
Recuerdo la imagen
y no sé volver.
¿Cómo reconocer ese lugar
con la luz contenida en el agua transparente?
Dejaré latir mi corazón como una brújula.

Tengo los ojos hundidos
la piel morena de mi abuela.
Las manos pequeñas
y el semblante tímido de mi tía
bajo estas gafas azules.
De mi madre
la sonrisa abierta
el color de los sueños.
Manchas y lunares
que forman esta constelación familiar.
Distingo los pedazos heredados
de un linaje que se extingue.

Mi casa está vacía.
En la de mi infancia
se quedó
la mesa camilla dispuesta para la cena
el sofá vestido de rosas perennes
el café esperando en el puchero.

Si te nombro en alto
si digo tu nombre
real o inventado
el presente desaparece.
Vuelve a crecer la mala hierba.
Es tiempo de barbecho.

Abuela no sabe
que su legado se ha prendido en mi pelo.
Sus gestos, la piel curtida, el marrón en los ojos
la nostalgia bajo los hombros
como un vínculo ancestral inevitable.
Abuela no sabe
que somos el fruto del silencio
de esa lengua que inventamos para leernos los labios.
Luto eterno y rezo sin dios.
Abuela no sabe
que las ausencias se hacen presentes
en las grietas de la pared.
Que de ella aprendimos a vivir de forma lenta
amansada, a la deriva.

Mamá me regaló los pendientes.
Aún me ponía de puntillas para darle un beso.
No son míos, fueron de mi hermana, me dijo.
Yo nací siete años después de que desapareciera.
Mis recuerdos hubieran sido los suyos.
Cómo me gustaría contarle lo que han cambiado las cosas.
Que mamá está aprendiendo a bailar salsa
que nos mudamos de casa.
Que la tierra se muere porque no la sembramos.
Me gustaría contarle que todos dicen que me parezco a ella.

Estás de espaldas
miras la playa.
Puedo imaginar tu sonrisa.
Te apoyas en una muleta
al otro lado te sostiene tu hijo.
Distingo tu voz entre las olas
palabras en bable.
Me gustaría que te dieras la vuelta.
Romper los vértices del tiempo.

La observo
me paro en los detalles chiquitos
los que la hacen tan coqueta y única.
El jabón que usa para lavar la ropa.
Cómo dibuja la línea negra bajo sus ojos.
No quiero escribir de mi madre cuando ya no esté.

Abuela
nació y murió en verano.
Fue siempre nuestra enciclopedia
ordenada por fechas y nombres.
El mapa del hogar.
Partió con nuestra historia familiar por escribir.
El último bastión de mi memoria.
Abuela
se fue como llegó
igual que una niña
que todavía no tiene recuerdos.

Militina, Fausto, Celio
nombres que ya nadie conoce.
Se han quedado en calles
vaciadas de toda vida.
Queda el rastro de lo que una vez fue.
La casa de adobe y las vigas quebradas.
Escucho el aire colarse por las ventanas rotas.
¿Quién hay? pregunto
nada responde.

Abuelo está en el agua estancada
de la *buchina*.
En el cerezo seco
que un día dio fruto.
Abuelo está en cada palabra dicha a tiempo
en los silencios que lo dicen todo.
Abuelo me mira desde un lugar
en el que todavía no creo.

Ese rostro que siempre fue incógnita.
La imagen borrosa
la madre de mi abuela.
Una mujer lejana y seria.
Tiene actitud distante
y los ojos de pez
como aquellos que han visto demasiado.

Te despedías de la vida
con la luz de la primera infancia.
Tu piel se había vuelto fina
casi transparente.
Llamabas a tu mamá con esa última voz.
Abuela
me habría gustado ser tu madre por una vez
decirte que todo está bien
y que ya volvemos a casa.

Sueño
un paseo corto.
Te llevo de la mano
esa mano grande
que tanto me había sostenido.
Sabemos que es el final.
Un pacto de amor.
No es un adiós.
El vínculo
tu voz, tu presencia
nuestros momentos.
Siento aún el calor de tu mano
aunque hace rato he despertado.

El vínculo entre nosotros
es un hilo elástico
que se extiende.
Antes de mí
no sé qué hubo.

Leo el libro de Tao
sus capítulos como migas de pan.
De pronto entiendo
las que tú me habías ido dejando
a lo largo del camino
eran pequeñas enseñanzas
para comprender la vida.

De nuevo delante de un crucifijo.
Mismo lugar
doce años después.
Las palabras ausentes
de un sacerdote.
Habla de eternidad y resurrección.
No creo en la belleza de la muerte.
La mirada también es cuestión de fe.

Una niña posa sonriendo.
Muchas cosas empiezan a entenderse después.
Vivo la misma vida otra vez
como si nunca hubiera dejado este lugar.
Me dejo mecer por el silencio que deja el olvido.
No sé cuánto tarda en borrarse un recuerdo
o si las heridas cicatrizan.
Miro fotos viejas
cultivo la tierra
escribo como forma de honrar.

Todo lo que crece está destinado a morir.
Todo lo que muere está destinado a ser memoria.

Este proyecto empezó a través de un recuerdo. La foto de una niña.

La memoria y su deseo de ser escrita como forma de vuelta a casa. No sé si este es su final o me acompañará toda la vida. Este fruto no hubiera brotado sin la luz y el amor de Natalia Romero. Gracias amiga por ayudarme a emprender este viaje.

Carla y Marina, gracias por confiar en mi escritura, por enseñarme la importancia del compromiso con la voz propia. Gracias por Semillero, lugar de abrazo colectivo que lo llevo conmigo para siempre.

Pero, sobre todo, este libro está dedicado a mi familia. A mamá que escribo de ella y desde ella porque es mi forma de ver la vida. A mis abuelos (allá donde estén) que me han enseñado a amar lo que me rodea. A los que me han acompañado en estos recuerdos. A los que salen en la foto y a los que están detrás.

Gracias Abel por ser compañero incondicional, por no dejarme rendir nunca. Gracias siempre por el amor.

Índice

Este libro se terminó de editar en Granada
en abril de 2024 por

Aliarediciones

www.aliarediciones.es
info@aliarediciones.es